AF310942

RÉCITS
DES GRANDS JOURS
DE L'HISTOIRE
DIRECTEUR PAUL GAULOT
15 c.mes le volume
Tibérius Gracchus
PAR
Th. Mommsen
TRADUCTION NOUVELLE DE
L. BENOIST-LUCY
N° 45
HENRI GAUTIER éditeur 55 quai des Grands Augustins PARIS

Bibliothèque de Souvenirs et Récits Militaires

Directeur : PAUL GAULOT.

CONDITIONS DE VENTE :

CHEZ TOUS LES LIBRAIRES
MARCHANDS DE JOURNAUX
ET DANS LES GARES

Le Volume : **15** Centimes

Franco par la poste
en s'adressant à M. HENRI GAUTIER
55, QUAI DES GRANDS-AUGUSTINS, PARIS

1 VOLUME. . . 20 c. | 2 VOLUMES . . 35 c.
VINGT-CINQ VOLUMES. . . 4 FRANCS.

VOLUMES EN VENTE :

Il suffit d'indiquer le numéro des Volumes qu'on désire, sans donner le titre.

Tibérius Gracchus

PAR

TH. MOMMSEN (1)

———

Traduction de M. L. BENOIST-LUCY

~~~~~~~~~~~

INTRODUCTION

ROME, à l'époque des Gracques, avait triomphé de ses plus redoutables ennemis : son domaine s'étendait sur une partie des trois continents de l'ancien monde : elle était puissante et respectée au dehors. Mais cette situation brillante cachait de profondes misères : la décadence des mœurs politiques et sociales avait commencé et faisait d'effroyables progrès. Toutes les tentatives de réformes avaient été vaines : le pouvoir était aux mains d'une aristocratie qui excluait systématiquement tous « les hommes nouveaux ». Mais si le souci de l'intérêt général n'était plus le même qu'autrefois, les ambitions étaient plus ardentes que jamais : seulement, les relations qui étaient nécessaires pour entrer dans la carrière politique ne commençaient plus, comme jadis, dans les camps, elles se formaient dans les antichambres des personnages

---

(1) Théodore Mommsen, né le 30 novembre 1817, à Garding, dans le Schleswig. Professeur de droit à Leipzig, à Zurich, à Breslau, puis à Berlin ; devenu en 1874 secrétaire perpétuel de l'Académie des Sciences de cette ville ; membre de la Chambre des députés de Prusse de 1873 à 1882. Mommsen, membre correspondant de l'Académie des Inscriptions et Belles-Lettres et de la Société des Antiquaires, en a été rayé en 1872, après la guerre de 1870-1871, pendant laquelle il s'était montré l'adversaire violent et passionné de la France. Il est l'auteur de nombreux ouvrages d'érudition, parmi lesquels il faut mettre à part son *Histoire Romaine*, d'où est tiré cet extrait sur *Tibérius Gracchus*, d'après une remarquable et fidèle traduction de M. L. Benoist-Lucy.

[1]
~~~~~~~~~~~

influents. Les élections aux emplois publics étaient le prix de la bassesse et de l'intrigue : « Le futur consul était obligé de reconnaître et d'honorer, dans le plus misérable gueux des rues de Rome, la majesté du peuple souverain; tout candidat devait, dans ses tournées, saluer chaque électeur par son nom et lui serrer la main. L'aristocratie se prêtait avec empressement à cette mendicité dégradante ». Mais le plus terrible fléau de Rome, c'était l'esclavage. L'historien nous fait le plus sombre tableau de cette grande plaie de l'antiquité païenne, et nous indique les deux moyens d'y porter remède : il fallait d'abord réprimer les désordres par une police de sûreté sérieuse, et ensuite restreindre, autant que possible, le prolétariat esclave en relevant la condition du travailleur libre.

Voilà ce que le gouvernement devait faire : l'auteur va maintenant nous dire ce qu'il fit.

LES INSURRECTIONS DES ESCLAVES

MISÈRE DES PAYSANS ITALIENS — SCIPION ÉMILIEN ET TIBÉRIUS GRACCHUS

LA LOI AGRAIRE — VIVE OPPOSITION DU PARTI ARISTOCRATIQUE

MORT DE TIBÉRIUS GRACCHUS

APPRÉCIATION DE SON CARACTÈRE ET DE SON ŒUVRE

Les complots et les guerres des esclaves, qui éclataient de toutes parts, montrent comment la police était faite. Les désordres qui avaient été le contre-coup immédiat et douloureux de la guerre d'Annibal semblaient se renouveler en Italie : il fallut en une seule fois faire arrêter et mettre à mort 150 esclaves dans la capitale, 450 à Minturnes et jusqu'à 4,000 à Sinuessa (621). La situation, on le comprend facilement, était encore pire dans les provinces. Sur le grand marché aux esclaves de Délos et dans les mines d'argent de l'Attique, il avait fallu, à la même époque, employer la force pour mettre à la raison les insurgés. La guerre contre Aristonic et ses «Héliopolitains»(1) de l'Asie Mineure était avant tout une guerre faite par des maîtres à leurs esclaves révoltés. Mais c'était naturellement en Sicile, dans cette terre promise des planteurs(2) que le mal était à son comble. Le brigandage, surtout à l'intérieur, était depuis longtemps, dans l'île, à l'état de calamité permanente : il commença à prendre les proportions d'une insurrection. Un riche planteur

An de
Rome
621

(1) Aristonic avait pour soldats des esclaves qui s'étaient constitués citoyens d'Héliopolis, la ville du Soleil, dont le culte était très répandu en Syrie.

(2) Dans son exposé de la situation économique de Rome, l'auteur a comparé les grands propriétaires fonciers aux planteurs américains.

[2]

d'Enna (Castrogiovanni), Damophile, émule des maîtres italiens dans l'exploitation industrielle de son capital vivant, fut surpris et tué par ses esclaves exaspérés : puis cette farouche multitude se répandit dans la ville d'Enna, et la même scène s'y renouvela sur une plus grande échelle. Les esclaves se soulevèrent en masse contre leurs maîtres, les tuèrent ou les asservirent, et appelèrent à la tête de l'armée des insurgés, déjà considérable, un thaumaturge de la ville d'Apamée, en Syrie, qui savait vomir des flammes et rendre des oracles, et qui, connu jusqu'alors sous le nom d'Eunus l'esclave, devint, comme chef des révoltés, Antiochus, roi de Syrie. Pourquoi pas? Un autre esclave syrien, qui n'était pas même prophète, avait bien porté, quelques années auparavant, dans Antioche même, le diadème royal des Séleucides ! Le brave « général » du nouveau roi, l'esclave grec Achœus, parcourut l'île tout entière, et non seulement on vit les pâtres sauvages affluer des points les plus proches et les plus lointains sous les drapeaux de cette étrange armée, mais les travailleurs libres, qui souhaitaient aux planteurs tout le mal possible, firent cause commune avec les révoltés. Dans une autre région de la Sicile, un esclave cilicien nommé Cléon, jadis audacieux brigand dans sa patrie, suivit cet exemple, et s'empara d'Agrigente : puis, grâce à leur entente, les chefs insurgés remportèrent d'abord quelques petits succès, et finirent par mettre complètement en déroute le préteur Lucius Hypsæus lui-même avec son armée, composée surtout de milices siciliennes, et par prendre son camp. Cette victoire mit l'île presque tout entière au pouvoir des révoltés dont le nombre, d'après les évaluations les plus modérées, se serait élevé à 70,000 hommes en état de porter les armes ; pendant trois années de suite (620 à 622), Rome se vit forcée d'envoyer en Sicile des consuls et des armées consulaires ; enfin, après plus d'un combat indécis, quelquefois même malheureux, elle écrasa l'insurrection par la prise de Tauroménium et d'Enna. Les consuls Lucius Calpurnius Pison et Publius Rupilius campèrent pendant deux ans devant cette dernière ville, où s'étaient jetés en masse les plus résolus des insurgés, pour se défendre dans cette position inexpugnable en hommes qui désespéraient de leur salut et de leur grâce : ils les réduisirent enfin par la famine plutôt que par les armes. — Tels étaient les résultats de la police exercée par le Sénat romain et par ses agents en Italie et dans les provinces. Si la tâche d'annihiler le prolétariat exige toute la puissance et toute la sagesse d'un gouvernement et ne les dépasse que trop souvent, en revanche celle de le contenir dans de justes limites par des mesures de police est relativement facile pour tout Etat d'une certaine importance. Les gouvernements seraient vraiment trop heureux, si les masses qui ne possèdent rien ne leur créaient pas plus de dangers que les ours et les loups. Cependant ce péril n'est pas mortel ; il n'y a que les trembleurs et les hommes spéculant sur les sottes craintes de la multitude qui puissent prédire, à l'occasion d'une insurrection d'esclaves ou de prolétaires, la ruine de l'ordre social. Mais le gouvernement de Rome, quoique jouissant d'une paix profonde au dehors, et disposant des ressources inépuisables de l'Etat, n'a nullement satisfait à la plus facile de ces deux tâches : celle de dompter les masses déjà courbées sous le poids de leur misère. C'était un signe de faiblesse, mais c'était encore autre chose. De par la loi, les gouverneurs romains étaient obligés de purger les grandes routes et de faire mettre en croix les brigands, quand ils étaient pris et quand ils étaient esclaves. Rien de plus naturel, car l'esclavage n'est pas possible sans un régime de terreur. Seulement, quand les routes devenaient par trop peu sûres, le gouverneur de la Sicile, à cette époque, faisait bien procéder de temps en temps à une razzia, mais pour ne pas mécontenter les planteurs italiens, les autorités livraient habituellement les brigands à leurs propres maîtres pour être punis au gré de ces derniers. Or, ces maîtres étaient des gens économes : quand les esclaves qu'ils employaient comme pâtres réclamaient des vêtements, ils leur répondaient par des coups de bâton, et en leur demandant si, par hasard, les voyageurs s'en allaient tout nus dans la campagne. Le résultat le plus clair de cette connivence, c'est que le consul Publius Rupilius, une fois l'insurrection écrasée, fit mettre en croix tout ce qui lui tomba sous la main, c'est-à-dire plus de 20,000 hommes. Il n'était vraiment pas possible de ménager plus longtemps le capital.

En s'efforçant de relever la condition du travailleur libre et par suite de restreindre le prolétariat esclave, le gouvernement aurait accompli une tâche beaucoup plus difficile, mais aussi infiniment plus féconde. Malheureusement il ne fit absolument rien sous ce rapport. Dans la première crise sociale, une loi avait prescrit au propriétaire foncier d'employer un nombre d'ouvriers libres proportionné à celui de ses esclaves.

TIBERIUS FAIT ARRACHER OCTAVIUS DE LA TRIBUNE

Dessin de S. de Mirys, gravure de Bugiot. (Collection du Cabinet des Estampes)

En ce moment, le gouvernement faisait traduire en latin un ouvrage carthaginois sur l'agriculture, et quand le Sénat romain donnait cet encouragement à la littérature, — le premier ou plutôt le seul qu'elle ait jamais reçu de lui, — c'était dans le but évident de recommander la méthode des planteurs carthaginois, pour le plus grand profit des spéculateurs italiens. La même tendance se manifeste dans une affaire plus importante, ou plutôt dans une question qui était vitale pour Rome, dans le système de colonisation. Il ne fallait pas une grande sagesse, il suffisait de se rappeler les phases de la première crise sociale, pour comprendre que vis-à-vis du Prolétariat agricole le seul remède sérieux consistait dans un vaste système d'émigration régulièrement organisé, et la situation de Rome à l'extérieur offrait à cet égard les plus grandes facilités. Jusqu'à la fin du VIᵉ siècle, on avait réellement cherché à enrayer le marasme persistant de la petite propriété en Italie en créant continuellement de nouvelles unités d'exploitation agricole. Il est vrai que ce système n'avait nullement été appliqué dans la mesure où il aurait pu et dû l'être : non seulement on n'avait pas repris les terres domaniales occupées depuis fort longtemps par des particuliers, mais on avait même autorisé l'occupation de territoires nouveaux ; d'autres conquêtes très importantes, notamment le territoire de Capoue, n'avaient été ni livrées à l'occupation privée, ni mises en distribution : on les exploitait comme domaine susceptible de produit. Cependant les assignations de terres avaient eu de très heureux résultats, en donnant un secours à beaucoup de nécessiteux et des espérances à tous les autres. Mais après la fondation de Luna (577) et en dehors de la création tout à fait isolée de la colonie picénienne d'Auximum (Osimo) en 597, on ne retrouve plus pendant longtemps aucune trace d'assignation de ce genre. La raison en est fort simple. Depuis la défaite des Boïens et la prise de la ville d'Apua, aucune conquête nouvelle n'avait été faite en Italie, sauf les vallées peu attrayantes de la Ligurie ; il n'y avait donc pas d'autres terres à partager que le domaine déjà affermé ou occupé, et on comprend que l'aristocratie n'était pas plus disposée maintenant que trois siècles plus tôt à souffrir qu'on y touchât. D'un autre côté, le partage des territoires conquis en dehors de l'Italie semblait inadmissible pour des raisons politiques. L'Italie devant conserver sa souveraineté sur les provinces, il ne fallait pas faire tomber la barrière qui s'élevait entre les

An 577

An 597

[5]

maîtres et les serviteurs. Le gouvernement ne voulant pas sacrifier ces considérations de haute politique, et bien moins encore les intérêts des classes privilégiées, n'avait plus qu'à assister tranquillement à la ruine des paysans italiens, et c'est ce qui arriva. Les capitalistes continuèrent à racheter la petite propriété, même quand les débiteurs s'obstinaient à rester sur le domaine sans aucun titre, car on comprend que les choses ne se passaient pas toujours d'une façon pacifique. Un de leurs procédés favoris consistait à expulser la femme et les enfants du paysan pendant que ce dernier était aux champs et de l'amener ainsi à céder en vertu de la théorie du fait accompli. Les propriétaires fonciers continuèrent à employer des esclaves de préférence aux travailleurs libres, d'abord parce que les premiers ne pouvaient pas être appelés comme les autres au service militaire, et ensuite parce que c'était un moyen de faire descendre le Prolétariat libre au même niveau de misère que les esclaves. Ils continuèrent à chasser le blé italien du marché de Rome par la concurrence du blé sicilien produit par les esclaves à un prix de revient dérisoire, et à le déprécier dans toute la péninsule. En Etrurie, l'ancienne aristocratie indigène, de concert avec les capitalistes romains, avait dès l'année 520 poussé les choses si loin qu'il n'y avait plus dans cette contrée un seul paysan libre. On pouvait dire tout haut en plein forum que les bêtes avaient leur tanière, mais qu'il n'était resté aux citoyens que l'air et la lumière du soleil, et que ceux qu'on nommait les maîtres du monde n'avaient pas une motte de terre qu'ils pussent appeler leur bien. Les listes du cens des citoyens romains donnaient à ces paroles un sinistre commentaire. Depuis la fin de la guerre d'Hannibal jusqu'à l'année 595, le nombre des citoyens est en progression constante, et il faut en chercher la cause essentielle dans les distributions continuelles et considérables des terres domaniales; après 595, année où le cens accusait 328,000 citoyens en état de porter les armes, on constate au contraire une décroissance régulière : la liste est réduite en 600 à 324,000, en 607 à 322,000, en 623 à 319,000 citoyens armés, — résultat effrayant pour une époque de paix profonde au dedans et au dehors. Si cela continuait ainsi, l'ensemble des citoyens allait se décomposer en planteurs et en esclaves, et finalement la république romaine n'avait plus qu'à acheter ses soldats au marché comme on le faisait chez les Parthes.

Telle était la situation à l'extérieur et à l'intérieur, au

moment où Rome entrait dans le septième siècle de son
existence. Partout où l'on portait les regards, on constatait
des abus et des signes de décadence : cette pensée devait
s'imposer à tout homme intelligent et de bonne volonté
et l'amener à rechercher s'il n'était pas possible de remédier à cet état de choses et de l'améliorer. De tels hommes
ne manquaient pas à Rome : mais aucun ne semblait mieux
qualifié pour cette grande œuvre de réforme politique et
sociale que le fils chéri de Paul-Emile, et le petit-fils adoptif
du grand Scipion, qui portait le glorieux surnom d'Africain, non seulement par droit d'héritage, mais encore en
vertu de titres personnels : Publius Cornelius Scipion Émilien, le second Africain (570-625). C'était, comme son père,
un homme parfaitement équilibré, jouissant d'une santé
qui défiait la maladie, et sachant prendre de suite, en toute
occasion, la résolution qui s'imposait. Dès sa jeunesse, il
s'était tenu à l'écart des agitations vulgaires des débutants
de la politique ; jamais on ne l'avait vu faire antichambre
chez les sénateurs de marque, ni prendre part aux décla-
mations du barreau. En revanche, il était grand chasseur, —
à l'âge de dix-sept ans, après avoir fait avec distinction,
sous les ordres de son père, la campagne contre Persée, il
avait demandé, comme récompense, la jouissance du droit
de chasse dans les enclos réservés des rois de Macédoine,
inexplorés depuis quatre ans, — et surtout il consacrait
volontiers ses loisirs à des études scientifiques et littéraires.
La sollicitude paternelle, en l'initiant de bonne heure à la
véritable culture grecque, l'avait élevé au-dessus de la
manie insipide et vulgaire des demi-savants qui faisaient
de l'hellénisme à tout propos ; par la façon sérieuse et
pleine de justesse dont il appréciait ce qu'il y avait de bon
et de mauvais dans le caractère grec, et par ses manières
aristocratiques, ce Romain en imposait aux cours orien-
tales, et même aux mauvais plaisants d'Alexandrie. On
reconnaissait surtout son éducation grecque à la fine ironie
de ses discours et à son latin d'une pureté classique. Sans
être ce qu'on appelle un auteur, il consignait par écrit,
comme Caton, ses discours politiques, — ceux-ci furent,
plus tard, estimés par la critique, ainsi que les lettres de sa
sœur adoptive, la mère des Gracques, comme des modèles
et des chefs-d'œuvre de la prose latine, — et il attirait, de
préférence, dans sa société, les littérateurs les plus distingués de la Grèce et de Rome : il est vrai que ces relations
plébéiennes étaient vues d'un assez mauvais œil par ceux

de ses collègues du Sénat qui n'avaient d'autre distinction à faire valoir que la noblesse de leur naissance. D'un caractère ferme et sûr, sa parole avait la même valeur pour ses ennemis que pour ses amis : étranger aux spéculations immobilières de son époque, il vivait simplement : d'autre part, il traitait les affaires d'argent non seulement d'une façon honnête et désintéressée, mais encore avec une délicatesse et une largeur de vues qui semblaient étranges à l'esprit mercantile de ses contemporains. Brave soldat et officier capable, il avait rapporté de la guerre d'Afrique la couronne d'honneur que l'on décernait d'ordinaire à celui qui sauvait, au péril de sa vie, des citoyens en danger, et termina, comme général, la guerre qu'il avait commencée comme simple officier : mais les circonstances ne lui fournirent pas l'occasion d'essayer ses talents de commandant en chef sur des tâches vraiment difficiles. Pas plus que son père, Scipion n'était une nature géniale, — ce que nous révèle déjà sa prédilection pour Xénophon, le militaire sans élan et l'écrivain froidement correct; — mais c'était un galant homme dans toute la force du terme, et paraissant plus que tout autre appelé à enrayer, par des réformes organiques, la décadence qui commençait à se faire sentir. Il ne l'a pas essayé, et cette abstention n'en est que plus caractéristique. Sans doute, il contribua de son mieux à supprimer ou à empêcher des abus et il travailla notamment à l'amélioration du système judiciaire. C'est principalement grâce à son appui que Lucius Cassius, qui unissait, à une haute capacité, une rigueur et une honnêteté tout à fait antiques, put faire passer sa loi, malgré la résistance acharnée de la noblesse : cette loi instituait le scrutin secret pour les tribunaux populaires qui statuaient encore sur les matières les plus importantes de la Juridiction criminelle. Tout jeune homme, il n'avait pas voulu s'associer à des accusations dont les auteurs étaient presque des enfants ; mais, arrivé à l'âge mûr, il poursuivit devant les Tribunaux quelques-uns des membres les plus coupables de l'aristocratie. Quand le général Scipion, au siège de Carthage et à celui de Numance, mettait les femmes et les prêtres à la porte du camp et ramenait de force la soldatesque sous le joug de fer de l'antique discipline, c'était le même homme que Scipion le Censeur (en 612) procédant à certaines épurations dans le monde distingué des hommes au menton bien rasé et à la tenue irréprochable, et exhortant sérieusement les citoyens à rester fidèles aux mœurs

honnêtes de leurs ancêtres. Mais personne, et lui moins
que tout autre, ne pouvait se dissimuler qu'un peu plus
de sévérité dans l'administration de la justice et l'intervention d'un citoyen isolé n'étaient pas même un commencement d'exécution pour remédier aux maux organiques
dont la République etait atteinte. Scipion s'est donc abs-
tenu. Caïus Lélius (Consul en 614), son ami, plus âgé que
lui, en même temps que son maître et son confident en
politique, avait conçu le dessein de proposer la reprise par
l'Etat des terres du domaine italien non concédées régulièrement, mais occupées à titre provisoire, et de porter
remède, par le partage de ce domaine, au marasme visible
et toujours croissant de la classe des paysans italiens; mais
il renonça à ce projet, quand il vit la tempête qu'il allait
soulever, et fut dès lors appelé « le Sage ». Scipion pensait
de même. Complètement pénétré de la gravité du mal, il
attaquait radicalement les abus, sans ménagements, sans
acception de personnes, avec un courage qui lui fait le plus
grand honneur, quand il n'y avait de risque que pour lui-
même; mais il s'était convaincu qu'on ne pouvait alléger
ces misères qu'au prix d'une révolution comme celle qui
était sortie, aux IVe et Ve siècles, de la question des réformes,
et il jugeait, à tort ou à raison, le remède pire que le mal.
Il se trouvait donc placé, avec son petit cercle d'amis, entre
les aristocrates, qui ne lui pardonnèrent jamais son intervention en faveur de la loi Cassia, et les démocrates aux-
quels il ne pouvait ni ne voulait donner satisfaction, isolé
de son vivant, porté aux nues après sa mort par les deux
partis, tantôt comme chef de l'aristocratie, tantôt comme
favorable à la réforme. Avant lui, les censeurs, au moment
de résigner leurs fonctions, demandaient aux Dieux d'ac-
corder à l'État un accroissement de puissance et de grandeur : Scipion censeur les pria de daigner conserver la
République. Toute sa profession de foi tient dans cette
invocation douloureuse.

Tel était le découragement de l'homme qui par deux fois
avait sauvé l'armée romaine d'une ruine complète pour la
conduire à la victoire : mais, à défaut de Scipion, un jeune
homme sans passé politique osa s'ériger en sauveur de
l'Italie. Il s'appelait Tibérius Sempronius Gracchus (591-
621). Son père qui portait le même nom (consul en 577 et
591, censeur en 585) était le véritable type de l'aristocrate
romain. La splendeur inouïe des jeux qu'il avait donnés
pendant son édilité, non sans pressurer des villes sujettes

de Rome, lui avait valu de la part du Sénat un blâme sévère, mais juste ; d'autre part, son intervention dans un misérable procès fait aux Scipions, ses ennemis personnels, prouvait chez lui un caractère chevaleresque et le sentiment de ce qu'il devait aux hommes de sa classe ; son attitude énergique contre les affranchis dans sa censure avait affirmé ses principes conservateurs ; enfin, par sa bravoure et surtout par son esprit d'équité comme gouverneur de la province de l'Èbre, il avait bien mérité de sa patrie en faisant des œuvres qui restent, tout en se créant des titres durables au respect et à l'affection des vaincus. Sa mère était la fille du vainqueur de Zama, qui avait choisi pour gendre son ancien adversaire en considération même de son intervention généreuse ; elle-même était une femme supérieure et d'une haute culture. Après la mort de son mari beaucoup plus âgé qu'elle, elle avait refusé la main du roi d'Égypte pour élever les trois enfants qui lui restaient dans le souvenir de celui qui était son époux et leur père.

L'aîné des deux fils, Tibérius, était une bonne et honnête nature, un homme au regard doux et au caractère paisible, semblant destiné à tout autre chose qu'à devenir un agitateur des masses. Par ses relations et ses idées, comme par sa naissance, il appartenait à la société des Scipions dont il partageait avec son frère et sa sœur la culture tout à fait raffinée, à la fois grecque et nationale. Scipion Émilien était en même temps son cousin et le mari de sa sœur : Tibérius, âgé de dix-huit ans, combattit sous ses ordres et eut sa part de la prise de Carthage ; par sa bravoure, il avait obtenu les éloges de ce général sévère et des distinctions militaires. Qu'un jeune homme d'intelligence et de cœur se fût assimilé les idées qui circulaient dans son entourage sur la décadence de la société romaine, aussi bien à sa tête que dans ses membres, qu'il exagérât même ces théories avec le rigorisme et la vivacité de son âge, surtout en ce qui touchait le relèvement de la condition des paysans italiens, rien de plus facile à comprendre : les jeunes gens n'étaient pas les seuls à penser que Lélius avait fait acte de faiblesse et non de sagesse en reculant devant l'application de ses idées de réforme. Appius Claudius, l'ancien consul (611), et l'ancien censeur (618), l'un des hommes les plus considérables du Sénat, blâmait Scipion et son groupe, avec toute la véhémence passionnée qui était et resta héréditaire dans la *gens* Claudia, d'avoir laissé tomber si brusquement le projet de répartition du domaine public : et il

semble l'avoir fait avec d'autant plus d'amertume que sa
candidature aux fonctions de censeur l'avait mis en conflit
personnel avec Scipion Emilien. Tel était aussi l'avis de
Publius Crassus Mucianus, alors grand pontife, et univer-
sellement honoré dans le Sénat et dans le peuple, comme
homme et comme jurisconsulte. Son frère Publius Mucius
Scévola, le créateur de la jurisprudence doctrinale à Rome,
semblait lui-même n'être pas défavorable au projet de
réforme, et sa voix avait d'autant plus de poids, qu'il était
en quelque sorte en dehors des partis. Tel était encore le
sentiment de Quintus Métellus, le vainqueur de la Macédoine et de l'Achaïe, mais plus estimé pour ses grands
faits d'armes que pour sa vie publique et privée qui n'était
guère un modèle de la sévérité des anciennes mœurs.
Tibérius Gracchus touchait de près à ces hommes, notamment à Appius, dont il avait épousé la fille, et à Mucianus,
dont son frère était devenu le gendre : il n'était pas éton-
nant qu'il fût agité par la pensée de reprendre pour son
propre compte le projet de réforme dès qu'il se trouverait
dans une situation qui lui permît de prendre constitutionnellement l'initiative. Des motifs personnels pouvaient le
confirmer dans cette pensée. Le traité de paix conclu par
Mancinus en 617 avec Numance était essentiellement   An 617
l'œuvre de Gracchus; le Sénat l'avait cassé, le général
avait été pour ce motif livré à l'ennemi, et, si Gracchus,
ainsi que les autres officiers supérieurs, avaient échappé au
même sort, ils ne le devaient qu'à sa popularité plus
grande. Tout cela n'était pas fait pour changer les senti-
ments d'un jeune homme loyal et fier dans un sens favorable à l'aristocratie régnante. Les rhéteurs grecs avec
lesquels il aimait à faire de la philosophie et de la politique,
Diophanes de Mitylène et Caïus Blossius de Cume, nour-
rissaient l'idéal multiple qu'il caressait dans son âme :
quand ses intentions furent connues dans une sphère plus
étendue, il ne manqua pas d'approbateurs et plus d'un
encouragea publiquement le petit-fils de l'Africain à songer
aux intérêts du pauvre peuple et au salut de l'Italie.

Tibérius Gracchus fut nommé tribun du peuple le 10 dé-   An 620
cembre 620. Les effroyables conséquences de la mauvaise
administration intérieure, et la décadence politique, militaire, économique et morale des citoyens s'étalaient en ce
moment même aux yeux de chacun dans toute leur nudité.
Des deux consuls de cette année, l'un se battait en Sicile,
sans aucun succès, contre les esclaves révoltés; l'autre,

Scipion Emilien, était occupé depuis des mois, non pas à vaincre, mais à écraser un petit pays en Espagne. Si Gracchus avait encore besoin d'un stimulant pour passer des résolutions aux actes, il le trouvait dans cette situation qui remplissait d'une angoisse inexprimable l'âme de tous les patriotes. Son beau-père lui promettait l'appui de ses conseils et de son énergie, et on pouvait espérer le concours du jurisconsulte Scévola, qui venait d'être élu consul pour l'année 621. Gracchus proposa donc dès son entrée en fonctions une loi agraire, qui n'était dans un certain sens qu'une répétition de la loi Licinia-Sextia, de l'an 387. D'après cette loi, toutes les terres du domaine public occupées et exploitées sans charge de redevance, — la loi ne touchait pas aux biens affermés, comme le territoire de Capoue par exemple, — devaient être reprises au nom de l'Etat, avec cette restriction toutefois que chaque occupant garderait, à titre de possesseur définitif et garanti, 500 arpents pour lui-même, et 250 pour chacun de ses fils, mais de manière à ne pas dépasser 1,000 arpents ; sinon il pourrait prétendre à une compensation territoriale. Pour les améliorations qui avaient pu être faites par les occupants, telles que bâtiments et plantations, on paraît avoir accordé une indemnité. Le domaine ainsi repris devait se diviser en lots de 30 arpents, et ceux-ci être distribués aux citoyens et aux alliés italiens, non comme propriétés libres, mais comme biens emphytéotiques (1) et inaliénables que les occupants s'obligeaient à exploiter pour la culture en payant à l'Etat une redevance modérée. Trois commissaires, considérés comme fonctionnaires réguliers et permanents, et nommés chaque année par l'assemblée du peuple, étaient chargés de la reprise et du partage des terres ; plus tard, on ajouta encore à leurs attributions l'importante et difficile mission de déterminer en droit ce qui était domaine public et propriété privée. Le partage était donc supposé devoir se continuer pendant un temps indéterminé, jusqu'à ce que la question du domaine italien, très étendu et très difficile à délimiter, fut réglée définitivement. Ce qui était nouveau dans la loi Sempronia, comparée à la loi Licinia-Sextia, c'était, d'une part, la clause en faveur des possesseurs ayant des héritiers, d'autre part la qualité de biens emphytéotiques et inaliénables proposée pour les nouveaux lots de culture, enfin et surtout un mode d'exécution permanent et réglé à l'avance, dont l'absence

(1) Loués à bail pour une très longue durée.

avait été le principal motif pour lequel la première loi resta
sans application pratique et durable. — C'était donc déclarer la guerre aux grands propriétaires fonciers qui, alors
comme trois siècles auparavant, étaient essentiellement
représentés dans le Sénat, et c'était aussi la première fois
depuis longtemps qu'un fonctionnaire isolé se mettait sérieusement en opposition avec le gouvernement aristocratique de Rome. Ce dernier accepta le combat de la façon
traditionnelle en pareil cas, c'est-à-dire en se servant de la
fonction elle-même pour paralyser le fonctionnaire qui sor-
tait de ses attributions. Un collègue de Gracchus, Marcus
Octavius, homme résolu, et fermement convaincu que la
loi proposée était détestable, usa de son droit de veto, au
moment où le projet allait être soumis au vote, ce qui était
le faire rejeter constitutionnellement. De son côté, Gracchus
arrêta les affaires courantes et l'administration de la justice
en mettant son sceau tribunitien sur les caisses publiques ;
on le laissa faire ; — c'était incommode, mais l'année arriva
cependant à sa fin. Gracchus, ne sachant comment sortir
d'embarras, soumit une seconde fois sa loi au scrutin :
naturellement Octavius réitéra son opposition, et, quand
son collègue et ancien ami le conjura de ne pas l'empêcher
de sauver l'Italie, il dut répondre que les avis pouvaient
différer sur les moyens de salut, mais que son droit consti-
tutionnel d'user du veto contre la proposition d'un collègue
était hors de doute. Le Sénat essaya alors de ménager à
Gracchus une retraite acceptable : deux consulaires l'in-
vitèrent à continuer la discussion de cette affaire dans l'en-
ceinte de la Curie, et le Tribun y consentit avec empressement. Il cherchait à interpréter cette proposition en ce sens
que le Sénat avait admis en principe le partage du domaine ;
mais elle ne contenait rien de semblable, et le Sénat n'était
nullement disposé à céder sur ce point ; les négociations
se terminèrent donc sans amener aucun résultat. Les
moyens constitutionnels étaient épuisés. A une époque
plus ancienne, on aurait eu la patience, en pareil cas, de
laisser dormir la proposition pendant l'année courante,
sauf à la reprendre l'année suivante jusqu'à ce que le caractère sérieux de la réclamation et la pression de l'opinion
publique eussent brisé les résistances ; mais maintenant on
vivait plus vite. Gracchus se crut arrivé au point où il fallait absolument renoncer à la réforme ou commencer la
révolution : il s'arrêta à ce dernier parti en se présentant
devant le peuple et en déclarant qu'il fallait qu'Octavius

ou lui se retirât ; puis il demanda à son collègue d'inviter les citoyens à voter pour le renvoi de l'un ou de l'autre. Octavius refusa naturellement de consentir à ce duel bizarre ; le droit d'intercession ou de veto était précisément établi pour permettre à ces divergences d'opinion de s'exprimer. Alors Gracchus rompit toute négociation avec son collègue, et, s'adressant à la foule assemblée, il demanda si le tribun du peuple qui agissait contre les intérêts du peuple n'avait pas encouru sa déchéance ; l'Assemblée, habituée depuis longtemps à dire oui à toutes les propositions qui lui étaient soumises, et composée pour la plus grande partie des membres du prolétariat agricole venus en foule de la campagne et personnellement intéressés à l'admission de la loi, répondit par un assentiment unanime à cette question. Sur l'ordre de Gracchus, Marcus Octavius fut expulsé du banc des tribuns par les licteurs, puis le vote de la loi agraire fut enlevé au milieu des acclamations générales, et on nomma les premiers commissaires répartiteurs. Les suffrages se portèrent sur l'auteur de la loi, sur son frère Caïus, âgé de vingt ans seulement et sur son beau-père Appius Claudius. Cette élection en famille ne fit qu'accroître l'exaspération de l'aristocratie. Quand les nouveaux fonctionnaires s'adressèrent au Sénat selon l'usage pour obtenir l'allocation de leurs frais d'entrée en fonctions et de leur indemnité quotidienne, les frais furent refusés et l'indemnité fixée à 24 as (environ 1 fr. 20). La querelle s'envenimait et devenait de plus en plus haineuse, de plus en plus personnelle. La tâche difficile et compliquée de la délimitation de la reprise et du partage des domaines mettait la guerre dans chaque cité, et même dans les villes italiennes alliées.

* * *

L'aristocratie déclarait à qui voulait l'entendre qu'elle avait pu se résigner à la loi par nécessité, mais que le malencontreux législateur n'échapperait jamais à sa vengeance ; et l'annonce faite publiquement par Quintus Pompée qu'il mettrait Gracchus en accusation le jour même où il résignerait ses fonctions, n'était pas de beaucoup la plus grave des menaces qui pleuvaient sur le tribun. Gracchus, probablement avec raison, se crut personnellement menacé et ne se montra plus sur le forum qu'avec une escorte de trois à quatre mille personnes, ce qui lui valut des reproches amers, en plein Sénat, de la part de Métellus qui

n'était cependant pas hostile à la réforme. D'ailleurs, s'il avait
cru être arrivé au terme en faisant passer sa loi, il lui restait
à apprendre qu'il n'était qu'au début. Le « peuple » était
son obligé ; mais il était perdu s'il n'avait pas d'autre pro-
tection que la reconnaissance populaire, s'il ne continuait
pas à être l'homme indispensable, s'il ne rattachait pas sans
cesse à lui, par des projets de plus en plus vastes, de nouveaux intérêts et de nouvelles espérances. En vertu du testament du dernier roi de Pergame, l'empire et la fortune des
Attalides venaient justement d'échoir à la république
romaine ; Gracchus proposa au peuple de répartir ces tré-
sors entre les nouveaux possesseurs de terres pour consti-
tuer le gage qui leur était nécessaire et revendiqua en principe pour la masse des citoyens, contrairement à la pratique
existante, le droit de statuer définitivement sur le sort de la
nouvelle province. Il préparait, dit-on, d'autres lois populaires, sur l'abréviation de la durée du service militaire, sur
l'extension du droit d'appel au peuple, sur la suppression
du privilège des sénateurs de siéger exclusivement comme
jurés civils, et même sur l'admission des alliés italiens à la
participation du droit de cité romain. Jusqu'où allaient
en fait ses projets, c'est ce qu'il est impossible de décider ;
mais il est certain qu'il ne voyait son salut que dans la
fonction qui le protégeait, qu'il désirait obtenir du peuple
le renouvellement de sa magistrature pour une seconde
année, et qu'en vue de provoquer cette prorogation incons-
titutionnelle, il montrait d'autres réformes en perspective.
Il avait d'abord exposé sa vie pour sauver la république, il
était maintenant obligé de mettre la république en danger
pour sauver sa vie. Les collèges électoraux se réunirent en
vue de l'élection des tribuns pour l'année prochaine, et les
premières sections avaient donné leurs voix à Gracchus ;
mais le parti adverse fit une vive opposition et finit du
moins par obtenir ce résultat, que l'assemblée se séparât
sans avoir rien fait et remît la décision au lendemain. Pour
ce jour-là, Gracchus mit en œuvre tous les moyens, licites
ou non : il se montra au peuple en habits de deuil et lui
recommanda son tout jeune enfant ; pour le cas où l'élection
serait encore troublée, il prit des mesures en vue de chasser
par la force le parti aristocratique du lieu de la réunion qui
se tenait devant le temple du Capitole. Le second jour de
l'élection arriva ; les voix se prononcèrent dans le même
sens que la veille et la même opposition se renouvela ; l'insurrection commençait. Les citoyens se dispersèrent ; la

séance était levée en fait, et le temple du Capitole fut fermé. On se racontait dans la ville, tantôt que Tibérius avait destitué tous les tribuns, tantôt qu'il était résolu à continuer ses fonctions même sans réélection. Le Sénat se réunit dans le Temple de la Fidélité, tout près de celui de Jupiter; les adversaires les plus acharnés de Gracchus prirent la parole dans cette assemblée et Tibérius ayant porté la main à son front pour faire comprendre au peuple, dans cet effroyable tumulte, que sa vie était menacée, on fit courir le bruit qu'il invitait déjà les citoyens à orner sa tête du diadème royal. Le consul Scévola fut requis de faire immédiatement mettre à mort le traître à la Republique; mais ce magistrat, homme modéré bien que nullement hostile à la réforme en elle-même, repoussa avec indignation cette demande aussi absurde que barbare. Alors le consulaire Publius Scipion Nasica, homme dur et ardent aristocrate, adjura ses amis de s'armer comme ils pourraient et de le suivre. Presque personne des gens de la campagne n'était venu pour les élections; le peuple de la ville s'écarta timidement en voyant ces hommes distingués arriver comme un ouragan, avec des pieds de chaises et de gros bâtons dans les mains, et l'œil enflammé de colère; Gracchus, accompagné d'un petit nombre de fidèles, essaya de s'échapper. Mais dans sa fuite il tomba sur la pente du mont Capitolin, et l'un de ces furieux, — Publius Satureius et Lucius Rufus se disputèrent plus tard l'honneur de ce rôle de bourreau, — le tua d'un coup de bâton sur la tempe devant les statues des sept rois, près du temple de la Fidélité; avec lui périrent trois cents hommes, tous frappés avec des armes non munies de fer. Le soir venu, les corps furent jetés dans le Tibre; Caïus demanda vainement qu'on lui laissât le cadavre de son frère pour lui donner la sépulture. Rome n'avait pas encore vu pareille journée. La querelle plus que séculaire des partis pendant la première crise sociale n'avait jamais amené une catastrophe comme celle qui commençait la seconde.

La partie la plus honnête de l'aristocratie devait frémir d'horreur : cependant on ne pouvait plus reculer. On n'avait que le choix de livrer aux vengeances de la foule un grand nombre des hommes les plus sûrs du parti, ou d'assumer collectivement la responsabilité du crime : cette dernière résolution fut adoptée. On déclara officiellement que Gracchus avait voulu prendre la couronne, et l'on justifia ce nouvel attentat par un précédent très ancien,

celui d'Ahala (1); on confia même à une commission spé-
ciale la suite de l'enquête contre les complices de Gracchus,
et grâce à la connivence du Président de cette commission,
le consul Publius Popilius, des sentences capitales pro-
noncées contre un grand nombre de petites gens donnèrent
après coup une sorte de consécration légale au crime dont
Gracchus avait été victime (622). Nasica, désigné plus que
tous les autres aux vengeances de la foule frémissante, et
qui avait du moins le courage de se déclarer publiquement
l'auteur de son acte et de chercher à le justifier, fut envoyé
en Asie sous un prétexte honorable, et bientôt après (624)
revêtu en son absence du pontificat suprême. Caïus Lélius
prit part aux enquêtes dirigées contre les partisans de
Gracchus; Publius Scévola, qui avait cherché à empêcher
le meurtre, en fit plus tard l'apologie au Sénat; et quand
Scipion Emilien, à son retour d'Espagne (622), fut invité à
déclarer publiquement s'il approuvait ou non l'assassinat
de son beau-frère, il fit cette réponse au moins équivoque,
que si Gracchus avait aspiré à la couronne royale, il avait
mérité la mort.

Essayons de formuler un jugement sur ces événements
gros de conséquences. Instituer un collège de fonctionnaires, chargé de remédier au marasme inquiétant de la
classe des paysans, en créant, sur une vaste échelle, de
petits lots de culture à prendre dans l'ensemble de la propriété foncière italienne qui était à la disposition du gouvernement, ce n'était pas assurément le signe d'un état
économique normal; mais, vu les circonstances politiques
et sociales, c'était une mesure convenable. En outre, le
partage du domaine public n'était pas, en lui-même, une
question politique et de parti; il pouvait être consommé
jusqu'à la dernière motte de terre sans que rien fût changé
à la constitution existante, sans que le gouvernement de
l'aristocratie fût ébranlé en quoi que ce fût. Il ne pouvait
pas davantage être ici question d'une violation du droit.
De l'aveu de tous, le propriétaire des pays occupés,
c'était l'État; l'occupant ne possédant qu'à titre de tolé-
rance, ne pouvait même pas, en général, s'attribuer la qualité de possesseur de bonne foi, et, quand il le pouvait, par
exception, il avait contre lui le principe de droit public en
vertu duquel la prescription ne courait pas contre l'État.

An 622

(1) En 439 avant Jésus-Christ, Caïus Servilius Ahala, maître de la cavalerie sous
Cincinnatus alors dictateur, avait tué de sa propre main un riche plébéien, Spurius
Mælius, accusé par les patriciens d'aspirer à la royauté.

[17]

Le partage du domaine était l'exercice, et non la négation du droit de propriété; tous les jurisconsultes étaient formellement d'accord sur sa validité. Mais s'il ne portait aucune atteinte à la constitution et s'il n'impliquait aucune violation de droit, il ne s'ensuit nullement que la tentative de faire triompher, en ce moment, les prétentions de l'état, fût justifiée au point de vue politique. L'objection qu'on a élevée de nos jours quand un grand propriétaire foncier se met brusquement à faire valoir, dans toute leur étendue, des prétentions légitimes, mais abandonnées en fait depuis de longues années, pouvait être opposée avec autant de raison, et même plus encore, à la réclamation de Tibérius Gracchus. Incontestablement, une partie des domaines occupés était possédée, depuis trois cents ans, par des particuliers qui la transmettaient à leurs héritiers; la propriété foncière de l'État qui, par sa nature, perd plus facilement que celle du citoyen son caractère privatif, s'était en quelque sorte éteinte à l'égard de ces pièces de terre, et les occupants actuels étaient généralement devenus possesseurs à titre onéreux, par voie d'achat ou de toute autre manière. Les jurisconsultes pouvaient dire ce qu'ils voulaient : mais aux yeux des hommes d'affaires, la mesure proposée était une expropriation des grands propriétaires fonciers, au profit du prolétariat agricole; et en fait, pas un homme d'état ne pouvait la qualifier autrement. Les hommes au pouvoir, à l'époque de Caton, n'en avaient pas jugé différemment, comme le prouve très clairement la solution donnée à un cas semblable qui s'était présenté de leur temps. La plus grande partie du territoire de Capoue et des villes voisines, incorporé au domaine public, en 543, était tombée en fait, pendant la période de troubles qui arriva ensuite, en la possession des particuliers. Dans les dernières années du vi^e siècle, Rome, agissant surtout à l'instigation de Caton, resserrait, à toutes sortes de points de vue, les rênes du gouvernement; le peuple romain avait résolu de reprendre le territoire campanien et de l'affermer au profit du Trésor Public (582). La possession de ce territoire avait pour base une occupation justifiée, non par une mise en demeure préalable, mais tout au plus par la connivence des autorités, et dont la durée ne dépassait guère, nulle part, celle d'une génération; cependant, les occupants ne furent dépossédés que moyennant une indemnité fixée par le préteur urbain, Publius Lentulus, au nom du Sénat. Ce qui était moins grave, peut-être, sans être

absolument indifférent, c'était la qualité de biens emphytéotiques et inaliénables attribuée aux nouveaux lots de
terre. C'étaient les principes les plus libéraux en matière
de transactions qui avaient fait la grandeur de Rome, et le
Gouvernement ne se conformait guère à l'esprit des insti-
tutions romaines, en demandant aux nouveaux cultivateurs
d'exploiter leurs pièces de terre d'une façon déterminée, et
en attachant à la concession des immeubles des droits de
retrait, et toutes les mesures restrictives qui sont la consé-
quence d'un système limitatif. — On reconnaîtra que ces
objections pesaient d'un assez grand poids contre la loi
agraire de Tibérius Gracchus. Cependant, elles n'étaient pas
décisives. Toute expropriation de fait des possesseurs du
domaine public était assurément un grand mal : cependant,
c'était le seul moyen de remédier, pour longtemps du moins,
à un mal encore beaucoup plus grand, qui minait absolument
la République, à la ruine de la classe des paysans italiens.
On comprend donc bien pourquoi les hommes les plus distingués et les plus grands patriotes du parti conservateur,
ayant à leur tête Caïus Lélius et Scipion Emilien, approu-
vaient le partage du domaine en lui-même et le désiraient.

Mais si le but poursuivi par Tibérius Gracchus était bon
et salutaire aux yeux de la grande majorité des hommes
intelligents et amis de leur pays, la voie qu'il a suivie n'a
obtenu et ne pouvait obtenir l'approbation d'aucun homme
de poids, ni d'aucun patriote. Rome était alors gouvernée par
le Sénat. Quiconque enlevait, contre la majorité du Sénat,
le vote d'une mesure administrative, faisait de la révolution.
Gracchus était révolutionnaire contre l'esprit de la Constitution, quand il portait devant le peuple la question du
domaine : il était révolutionnaire contre la lettre, lorsque,
cherchant à justifier par une indigne sophistique la desti-
tution de son collègue, il supprimait non seulement pour le
présent, mais encore à tout jamais, le veto tribunitien, c'est-
à-dire le correctif politique au moyen duquel le Sénat annu-
lait constitutionnellement les usurpations commises contre
son pouvoir. Mais ce n'est pas là qu'il faut chercher l'absur
dité politique et morale de la conduite de Gracchus. L'Histoire n'a pas de paragraphe spécial pour le crime de haute
trahison ; quiconque, dans l'Etat, excite un pouvoir contre
l'autre, est certainement un révolutionnaire, mais c'est peut-
être en même temps un homme politique intelligent et digne
d'éloges. Le vice essentiel de la révolution de Gracchus tient
à un fait qu'on n'a que trop souvent négligé : la nature des as-

semblées du peuple à cette époque. La loi agraire de Spurius Cassius et celle de Tibérius Gracchus avaient dans leurs dispositions principales le même caractère et le même but ; cependant il y avait autant de différence entre les deux entreprises qu'entre les deux peuples, celui d'autrefois et celui d'alors, entre les Romains de Cassius qui partageaient avec les Latins et les Herniques le butin pris sur les Volsques, et ceux de Gracchus qui organisaient les provinces d'Asie et d'Afrique. La Rome d'autrefois était une simple ville, dont les citoyens pouvaient se réunir et agir de concert ; celle d'alors était un grand Etat qui comptait beaucoup de membres : l'idée de les réunir dans une assemblée du premier degré chargée de trancher la question, devait produire des résultats aussi pitoyables que ridicules. On sentait ici les funestes conséquences du vice radical de la politique ancienne : Rome n'avait jamais complétement abandonné sa constitution de ville pour prendre celle d'un Etat, ou ce qui revient au même, jamais elle ne s'était élevée du système des assemblées primaires au régime parlementaire. L'Assemblée souveraine à Rome était ce que serait l'Assemblée souveraine en Angleterre, si tous les électeurs anglais voulaient prendre au parlement la place de leurs députés, c'est-à-dire une masse brutale où s'agitaient confusément tous les intérêts et toutes les passions, et où l'intelligence disparaissait sans laisser aucune trace ; une masse incapable d'envisager une situation dans son ensemble et de prendre une résolution personnelle : mais surtout une masse, où, à part de rares exceptions, quelques centaines ou quelques milliers d'invidus ramassés au hasard dans les rues de la capitale, agissaient et votaient au nom de l'universalité des citoyens. Dans les comices, soit par tribus, soit par centuries, ces citoyens se trouvaient habituellement représentés par ceux qui se constituaient ainsi leurs mandataires de fait, d'une façon à peu près aussi satisfaisante qu'ils pouvaient l'être, dans les comices par curies, par les trente licteurs qui étaient leurs représentants de droit ; et, de même que les prétendues résolutions des curies n'étaient autre chose que celles du magistrat qui convoquait les licteurs, les résolutions des tribus et des centuries étaient avant tout, à cette époque, celles d'un fonctionnaire qui leur donnait ensuite le caractère légal par des votes nécessairement acquis à tout ce qu'il pouvait proposer. Mais si dans les assemblées de votes, dans les comices, on ne voyait figurer en somme que des citoyens, bien qu'on ne

FIN TRAGIQUE DE CAIUS

Dessin de S. de Mierys, gravure de Launay   (Collection du Cabinet des Estampes)

fût pas très rigoureux sur la qualification des individus, en revanche, dans les simples assemblées populaires, *les Conciones*, quiconque avait deux jambes, Egyptiens et Juifs, esclaves et vagabonds, avait aussi le droit d'y prendre place et de crier. Aux yeux de la loi, un meeting de ce genre ne signifiait absolument rien : il ne pouvait rien décider ni résoudre. Mais en fait, ces réunions publiques gouvernaient la rue, et l'opinion de la rue était déjà, à Rome, une puissance : il n'était pas tout à fait indifférent que cette masse incohérente gardât le silence ou poussât des cris à l'occasion des communications qui lui étaient faites, que l'orateur fût applaudi ou sifflé par elle, qu'il fût accueilli par des acclamations ou par des hurlements. Peu d'hommes avaient le courage de parler en maîtres à la populace, comme Scipion Emilien, et de répondre à ceux qui le couvraient de huées pour sa déclaration au sujet de la mort de son beau-frère : « Silence aux interrupteurs ! Silence ! vous que l'Italie traite en marâtre et non pas en mère, car elle ne vous reconnaît pas pour ses enfants ! » Et comme la tempête redoublait : « Croyez-vous donc, reprit-il, que je vais craindre, parce qu'ils sont libres de leurs chaînes, ceux que j'ai envoyés chargés de fers sur le marché aux esclaves ? »

Certes, se servir de la machine rouillée des comices pour les élections et pour le vote des lois, c'était déjà un grand mal. Mais permettre aux masses inconscientes, d'abord aux comices, et ensuite, en fait, aux *conciones*, de s'ingérer dans l'administration, et arracher des mains du Sénat l'arme avec laquelle il pouvait s'opposer à cette ingérence : aller jusqu'à laisser ce prétendu peuple s'adjuger les terres avec toutes leurs dépendances aux dépens du Trésor Public : ménager à quiconque devenait pour quelques heures le Roi de la rue, par suite des circonstances ou de son influence sur le prolétariat, la possibilité de lancer des idées plus ou moins chimériques, avec l'estampille légale de la volonté du peuple souverain, ce n'était plus le commencement, mais, au contraire, la fin des libertés populaires, c'était l'avénement de la monarchie et non de la démocratie. C'est pour cela que dans la période précédente, Caton et ses amis n'avaient jamais soumis aux citoyens de telles questions : ils se contentaient de les discuter au Sénat. C'est pour cela que les contemporains de Gracchus, les hommes du groupe de Scipion, signalent la loi agraire de 522, due à Flaminius, comme le premier pas dans cette voie fatale, et comme le commencement de la décadence romaine. C'est pour cela qu'ils laissèrent périr l'auteur du partage des terres domaniales, et virent dans sa terrible fin une sorte de digue contre de pareilles tentatives pour l'avenir, tandis que, d'autre part, ils maintenaient de toutes leurs forces et utilisaient cette mesure obtenue par lui avec tant de peine. La situation était si lamentable à Rome, que de loyaux patriotes en étaient réduits à l'effroyable hypocrisie de livrer le criminel et de recueillir pour eux-mêmes le fruit du crime. C'est pour cela aussi que les adversaires de Gracchus n'avaient pas tort dans un certain sens quand ils lui reprochaient d'aspirer à la couronne. Si cette pensée était loin de son esprit, comme cela paraît probable, ce serait un second chef d'accusation contre lui plutôt qu'une excuse. Le gouvernement aristocratique était si détestable et si funeste que le citoyen qui aurait eu le pouvoir de supprimer le Sénat et de se mettre à sa place, aurait peut-être fait encore plus de bien que de mal à la République. Mais Tibérius Gracchus n'était pas assez hardi pour jouer ce jeu-là : c'était un homme de capacité moyenne, un conservateur et un patriote animé d'excellentes intentions, ne sachant pas au juste ce qu'il allait faire, qui évoqua la populace en croyant, de très bonne foi, appeler à lui le peuple, et qui porta la main sur la couronne royale sans le savoir lui-même, jusqu'au jour où la logique inexorable des choses le poussa irrésistiblement dans la voie de la tyrannie démagogique, où, petit à petit, l'usurpateur infortuné se révéla à ses propres yeux et à ceux d'autrui par des signes plus évidents : cette commission créée pour lui et pour sa famille, l'ingérence abusive du tribun dans les finances publiques, ses autres « réformes » qui lui furent arrachées par la nécessité et par le désespoir, la populace lui fournissant ses gardes du corps et allumant la guerre civile : jusqu'au jour enfin où le génie de la Révolution, une fois déchaîné, saisit et dévora celui qui avait eu l'imprudence de l'évoquer.

L'infâme boucherie où il trouva la mort se condamne d'elle-même et condamne en même temps la faction aristocratique qui l'inspira ; mais l'auréole de martyr dont on a couronné le front de Tibérius Gracchus s'est trompée d'adresse, selon la coutume. Les meilleurs de ses contemporains ne le jugeaient pas si favorablement. Quand on annonça la catastrophe à Scipion Émilien, il cita le vers d'Homère :

> Périsse ainsi l'auteur de toute œuvre semblable !

et quand le jeune frère de Tibérius fit mine de se lancer dans la même carrière, sa propre mère lui écrivit : « Notre maison ne verra donc pas la fin de cette folie? Où s'arrêtera-t-elle? N'avons-nous pas encore suffisamment à rougir d'avoir troublé et bouleversé l'État? » Celle qui parlait ainsi, ce n'était pas une mère inquiète pour son fils, c'était la fille du vainqueur de Carthage, qui connaissait un malheur plus grand encore que la perte de ses enfants, et qui devait en faire la cruelle expérience.

APPENDICE

Caïus Gracchus

Peu de temps après la mort de Tibérius Gracchus, son frère Caïus fut nommé commissaire, avec deux autres fougueux démagogues, pour la mise à exécution de la loi agraire. Mais Scipion Emilien leur suscita des entraves, et ils furent obligés d'interrompre leurs travaux. La faction révolutionnaire en fut très irritée, et sa vengeance ne se fit pas longtemps attendre. Un matin, le vainqueur de Numance fut trouvé mort dans son lit (129 av. J.-C.). « Nul doute, dit Mommsen, qu'il n'ait été victime d'un crime politique commis à l'instigation du parti des Gracques : le meurtre de Scipion fut la réponse de la démocratie à la scène sanglante du Temple de la Fidélité, qui avait été l'œuvre des aristocrates. » Mais le parti populaire, craignant que ses chefs ne fussent compromis, s'opposa de toutes ses forces à une enquête, et l'affaire n'eut pas de suites.

Caïus Gracchus, né en 153 av. J.-C., avait 9 ans de moins que son frère Tibérius. Tout dévoué comme lui à la cause populaire, non moins ambitieux, et brûlant du désir de le venger, il se fit nommer tribun du peuple en 123, et fut réélu l'année suivante. Sa magistrature fut marquée par d'importantes réformes : il remit en vigueur la loi agraire de Tibérius Gracchus, fonda de nouvelles colonies pour

An 129 av. J.-C.

An 153

donner des terres aux citoyens pauvres, atténua les rigueurs du service militaire et les sévérités du droit pénal, et chercha à se créer de puissants amis dans l'ordre équestre et de nombreux partisans dans la classe des prolétaires, d'une part, en appelant les chevaliers aux fonctions judiciaires et en leur concédant de grands avantages, notamment la ferme des impôts en Asie, d'autre part, en faisant de larges distributions de blé au peuple de Rome. Sa tactique paraît avoir été de s'appuyer sur ces deux forces : l'ordre équestre et le prolétariat, pour substituer le pouvoir monarchique au gouvernement sénatorial. Quoi qu'il en soit, le Sénat réussit, par ses intrigues, à le faire échouer quand il sollicita pour la troisième fois les suffrages populaires; et du jour où il cessait d'être inviolable, il était perdu. Ses pouvoirs expiraient le 10 décembre 122 : le consul Lucius Opimius, ardent aristocrate, qui entra en fonctions le 1er janvier 121, ne cherchait que l'occasion de frapper un grand coup : elle se présenta bientôt. Pendant un sacrifice qu'il offrait aux dieux, un ami des Gracques eut une altercation violente avec un homme de la suite du consul, et le tua. Il s'ensuivit un effroyable tumulte : Gracchus et ses partisans, qui se trouvaient là en grand nombre, furent dispersés par la force, et la tête de leur chef fut mise à prix. Gracchus, obligé de fuir, et désespérant du succès de sa cause, se fit donner la mort, dit-on, par un de ses esclaves (121 av. J.-C.). Il n'avait que 32 ans.

Après cette victoire, le consul fit démolir et rebâtir le Temple de la Concorde. « C'était en effet, dit l'auteur déjà cité, le moment d'inaugurer une Concorde nouvelle sur les tombes des trois petits-fils du vainqueur de Zama, qui avaient tous été dévorés par la Révolution : d'abord Tibérius Gracchus, puis Scipion Emilien, et enfin le plus jeune et le plus puissant des trois, Caïus Gracchus. Officiellement, la mémoire des Gracques fut et demeura proscrite. Cornélie n'eut pas même le droit de prendre le deuil de son dernier fils. Mais l'attachement passionné que ces deux nobles frères, et en particulier Caïus Gracchus, avaient su inspirer de leur vivant à un très grand nombre d'hommes, se manifesta d'une façon touchante, même après leur mort, dans l'espèce de culte que le peuple, en dépit de toutes les mesures de police, continua à rendre à leur mémoire et à la place où ils étaient tombés. »

L. B. L.

Le Gérant : Henri GAUTIER.

Imp. Ed. GARNIER, 10 , rue Rabuan-du-Coudray, Chartres

Récits des Grands Jours de l'Histoire

CONDITIONS DE VENTE

CHEZ TOUS LES LIBRAIRES
MARCHANDS DE JOURNAUX
ET DANS LES GARES
Le Volume : **15** Centimes.

Franco par la poste en s'adressant
à M. HENRI GAUTIER, éditeur
55, quai des Grands-Augustins, 55, Paris
1 VOLUME . . . 20 c. | 2 VOLUMES . . . 35
VINGT-CINQ VOLUMES . . . 4 FRANCS
La Collection (CINQUANTE-DEUX VOLUMES) 7 fr.

Il suffit d'indiquer les Numéros des volumes qu'on désire, sans donner les titres

VOLUMES EN VENTE

1 Cinq-Mars et de Thou, par le vicomte DE FONTRAILLES.
2 Le Mariage de Louis XIV, par M\u1d50ᵉ DE MOTTEVILLE.
3 Deux Étapes du Retour de l'Ile d'Elbe : Napoléon à Grenoble et à Lyon, par HENRI HOUSSAYE, de l'Académie française.
4 La dernière prison de Marie-Antoinette, relation de ROSALIE LAMORLIÈRE, servante à la Conciergerie.
5 La peste de Marseille en 1720, par l'abbé PAPON.
6 La Réception du Czarevitch en 1782, par la baronne D'OBERKIRCH.
7 La Machine infernale de Fieschi, par MAXIME DU CAMP, de l'Académie française.
8 Les Premiers jours des Etats-Généraux (1789), d'après MARMONTEL.
9 La Révolution de 1830, par GERVINUS.
10 L'Affaire du Collier de la Reine, par LAFONT D'AUSSONNE.
11 La Banque de la rue Quincampoix (*Law et son système*), d'après SAINT-SIMON, DUCLOS, etc.
12 Bonaparte Dictateur (*Le Coup d'Etat de Brumaire*), d'après A.-V. ARNAULT.
13 La prise de la Bastille (*14 Juillet 1789*), par MARMONTEL.
14 Le Procès de Fouquet, d'après les lettres de M\u1d50ᵉ DE SÉVIGNÉ.
15 La prise de l'Hôtel de Ville (31 Octobre 1870), par ALFRED DUQUET.
16 La Première défaite de la Commune (31 Octobre 1870), par ALFRED DUQUET.
17 La Chute de la Monarchie (Journée du 10 Août 1792), par le comte ROEDERER.
18 Napoléon à Bayonne et l'aventure Espagnole de 1808, par LOUIS LABAT.
19 L'Assassinat d'Henri IV, d'après le Journal de PIERRE DE L'ESTOILE.
20 L'Empereur et le Tsar (Entrevue D'ERFURT).
21 La Dernière tentative du Prince Charles-Edouard Stuart, par VOLTAIRE.
22 Les Massacres de Septembre. Mon Agonie de trente-huit heures, par JOURGNIAC SAINT-MÉARD.
23 Une Ambassade au Siam sous Louis XIV, par le comte DE FORBIN et l'Abbé CHOISY.
24 Le Testament de Charles II d'Espagne, par le duc DE SAINT-SIMON.
25 Les Emeutes de Juillet 1789, par le baron DE BESENVAL.
26 L'Insurrection du 13 Vendémiaire, par LACRETELLE.
27 La Révolution de 1848, d'après un récit de M. THIERS.
28 Charlotte Corday et Marat.
29 L'Exposition de 1867.
30 Le Mariage de Napoléon et de Marie-Louise.
31 L'Assassinat du Maréchal d'Ancre, d'après une relation contemporaine.
32 La Jeunesse de Marie-Antoinette, par WEBER.
33 Les Empoisonnements de la marquise de Brinvilliers.
34 Le Coup d'Etat du Deux Décembre 1851.
35 Procès et Exécution de Charlotte Corday.
36 Le Retour des cendres de Napoléon.
37 Le Ministère Girondin du 15 Mars 1792, d'après les Mémoires de M\u1d50ᵉ ROLAND.
38 Napoléon prisonnier (De Rochefort à Sainte-Hélène), par le comte DE LAS CASES.
39 Un mois de Paris sous la Terreur, d'après le Journal DE BEAULIEU.
40 Riquet et le Canal du Languedoc, par M. DE LA LANDE.
41 La Mort de Louis XVI, d'après les Mémoires de CLÉRY et de l'abbé EDGEWORTH DE FIRMONT.
42 La Conspiration de Babeuf, par ANTOINE FANTIN-DÉSODOARDS.
43 La Fuite du Roi (*20 Juin 1791*), par M. DE FONTANGES.
44 L'Arrestation de la famille royale à Varennes, par M. DE FONTANGES.
45 Tibérius Gracchus, par MOMMSEN. Traduction nouvelle de L. BENOIST-LUCY.
46 La Conciergerie pendant la Terreur, par P.-J.-B. NOUGARET.
47 Les Journées d'Octobre (*5 et 6 Octobre 1789*), par WEBER.
48 Le Coup d'Etat du 18 Fructidor, d'après les Mémoires de BARBÉ MARBOIS, BARRAS, HYDE DE NEUVILLE, etc.
49 La Mort de Napoléon, par le D\u02b3 ANTOMMARCHI.
50 Le 9 Thermidor, d'après les Mémoires du temps.
51 Le Complot de Toulan et du chevalier de Jarjayes, d'après les récits du baron DE GOGUELAT et de LEPITRE.
52 La Fête de la Fédération (*14 Juillet 1790*), d'après une relation contemporaine.

Paris. — L. MARETHEUX, imprimeur, 1, rue Cassette. — 9527.